# LES GÉMEAUX,

## OU

# LES OBSERVATEURS CANDIDES.

La plus grande finesse est de n'en point avoir.
( LE CABALEUR, *comédie inédite.* )

PAR FRÉDÉRIC ROYOU,

MEMBRE DE LA LÉGION D'HONNEUR

PRIX : un demi-franc.

# PARIS,

A LA LIBRAIRIE POLÉMIQUE,
rue Neuve-Saint-Marc, nᵒˢ 7 et 8 ;
Chez les libraires du Palais-Royal et chez M.ᴵˡᵉ *Deville*,
libraire, rue de Seine, nᵒ 48, faub. S.-G.

25 mai 1820.

Dans les départemens on trouvera toutes les brochures
publiées par la *Librairie polémique,* chez les libraires
dont les noms suivent :

ROCHEFORT,
- Faye ;
- Goulard ;
- Riffault.

BREST,
- Egasse ;
- Fournier ;
- Michel.

LORIENT, Le Coat-Saint-Haouen ;

NANTES,
- Busseuil, jeune ;
- Forets ;
- Malassis ( madame ).

BORDEAUX.
- Bergeret ( madame );
- Gassiot, fils aîné.

HAVRE, Delhaye-Lonquety.

Et chez tous les Directeurs de postes, s'adresser pour
remplir les conditions du Prospectus.

# LES GÉMEAUX,



OU

LES OBSERVATEURS CANDIDES.

## DE LA COMPOSITION PROBABLE DE LA CHAMBRE DES DÉPUTÉS EN DIX-HUIT CENT VINGT-UN.

En France on est presque toujours placé à côté des questions. Nous avions une loi des élections, qui a donné lieu à des choix scandaleux : vite on s'en est pris à cette loi, quand il fallait s'en prendre aux ministres qui l'avaient fait jouer d'une manière absurde pour les intérêts de la monarchie. Assurément la loi des élections que l'on va détruire était fort aristocratique. Puisqu'elle ne permettait qu'à cent mille individus à peu près, de nommer environ deux cent cinquante-huit députés, pour représenter vingt-huit millions d'âmes. Qu'est-il arrivé? La loi aristocratique a produit une chambre trop démocratique, dit-on; il faut de suite augmenter la dose d'aristocratie, pour tâcher d'avoir une chambre de députés, qui soit comme une annexe de la chambre des pairs. Belle combinaison! Rien de tout cela ne réussira. La loi nouvelle, une fois adoptée ne donnera nullement les résultats qu'attendent les ministres. Les lois seront perpétuellement des abstractions, dont vous ne pourrez calculer à l'avance les effets que par une connaissance parfaite de la manière dont on les fera jouer dans leur application. Nous ne serions nullement étonnés que la loi qu'on va adopter ne donnât une chambre bien plus démocratique encore que celle qu'aurait pu produire la loi qu'on abandonne, convenablement maniée. En effet, le côté droit, satisfait de ses vertus domestiques, que personne ne lui conteste, s'est complètement fourvoyé le jour où il a abandonné les *libertés publiques*. Les députés qui siégent à droite, déterminés d'avance à suivre les mouvemens de leurs collègues *stomachiques*, sont tombés dans l'*automatisme*. Comment en sortiront-ils? Leur politique a besoin d'excuses : dès ce moment elle est stérile. Le côté gauche au contraire, muni d'un instrument émoussé, le manie avec dextérité, il manœuvre habilement sur le terrain fécond des libertés publiques. On se souciera fort peu des antécédens de l'avocat : on ne fera attention qu'à la beauté de la cause. Les électeurs, avertis par l'opinion publique, qui décidément se prononce pour la *charte exécutée*, se rappelleront bien la candeur du côté droit, mais ils n'oublieront pas non plus qu'il l'a poussée si loin, que les ministres ont pu châtier une nation entière comme complice d'un forfait qu'elle exècre. La douleur profonde et sincère de la France méritait cependant une autre consolation que l'*escamotage* de toutes ses libertés;

aussi doit-on peu craindre d'être démenti par l'événement en affirmant que les électeurs donneront pour représentans à la nation, des hommes non-seulement capables de nous rendre toute la Charte, mais encore de ne plus souffrir qu'on la suspende sous aucun prétexte. En vain voudrait-on s'étayer de l'exemple, cité à tort à chaque instant, d'une république célèbre, où dans les momens de crise on prononçait le fameux : CAVEANT CONSULES : et puis on créait une dictature ; mais de nos jours il est impossible de contester qu'un gouvernement aussi fort qu'une monarchie constitutionnelle, VRAIMENT CONS-TITUÉE, soit autre chose qu'une *dictature perpétuelle* !

Voilà ce qui rend incommensurable la faute commise par le côté droit, en armant le ministère d'un arbitraire légal qui, loin d'affermir le trône, tend à diminuer cette stabilité immense qu'il obtient quand on lui donne pour base les libertés publiques.

La loi nouvelle sur les élections passera, c'est un parti pris d'avance. Le côté droit ne sort pas de ce cercle d'un petit rayon : « L'ancienne loi a produit tel homme : « donc elle est détestable ». Il faut dire : donc on l'a fait mal jouer ; car elle aurait pu produire des hommes excellens pour soutenir le trône des Bourbons. Mais nous n'appellons, nous, *bons députés*, en politique réelle, que des hommes retranchés d'une manière inexpugnable dans les libertés publiques ! Quiconque ose délibérer quand il s'agit non-seulement de violer, mais encore de suspendre le pacte social, sous le prétexte vain de créer une dictature temporaire quand elle est PERPÉ- TUELLE comme nous venons de le démontrer, peut être un bon père de famille, mais doit aller ensevelir, dans l'obscurité, sa politique *bourgeoise!* Voilà ce qui n'é- chappera pas au grand nombre des électeurs. Plus le ministère s'attachera à faire dominer *l'aristocratie des richesses*; car M. Siméon vient de repousser avec perte celle de la *naissance*, plus il rencontrera d'hommes éclairés et parconséquent indépendans. Et comme enfin, les libertés seules sont en rapport avec nos mœurs poli- tiques, les colléges nommeront des députés capables de défendre ces libertés dans toutes les positions possibles.

Or, une douleur sublime, à l'occasion d'un MEURTRE EXÉCRABLE a prouvé que les députés de droite, quand ils ont les entrailles déchirées, tombent dans une cécité politi- que, qui les rend impropres à juger la situation de l'état et capables de sacrifier tout, même nos libertés, pourvu qu'ils se persuadent qu'ils viennent au secours des objets de leur idolâtrie. Mais hélas! c'est qu'une erreur de ce genre peut compromettre le repos de tous les peuples; l'histoire nous montre plus d'un exemple d'états perdus par une *seule faute* (1); ce que veut la France, c'est son salut. Elle ne l'attend pas du ministère actuel, et d'un

---

(1) Servius Tullius à Rome; Henri VII en Angleterre; Necker en France.

autre côté ce salut est intimement lié à la restitution de ses libertés, plutôt *confisquées* par le ministère, qu'obtenues par conviction. Les électeurs nommeront donc pour députés des hommes qui voudront la *Charte*, toute la *Charte* et rien *que la Charte*, et les députés de droite viennent de nous prouver que, du moins momentanément, ils s'arrangent d'un arbitraire légal.. ..

Aussi les probabilités de leur réélection diminuent, selon nous, au moment même où ils vont armer le ministère d'une loi qui, aux yeux des myopes politiques, leur donne des chances nombreuses : ce n'est là qu'une illusion ! Rien n'est plus possible en France que les BOURBONS PAR ET POUR LES LIBERTÉS PUBLIQUES; hors de ce terrain il n'y a qu'abymes. Le ministère actuel l'a quitté, il ne tardera pas à être englouti ! et chose qui peut paraître étrange, mais qui est très-vraisemblable, une loi aristocratique a produit une chambre qu'on trouve trop démocratique en 1820. Eh ! bien une loi plus aristocratique encore produira, en 1821, une chambre plus démocratique que celle de 1820, parce que les colléges électoraux, *quels qu'ils, soient* comprendront que l'aristocratie politique est représentée dans la chambre haute, et que puisque la démocratie est un élement indispensable de notre gouvernement actuel, il faut bien qu'elle entre dans la chambre des communes. Ainsi se trouvera vérifié ce mot d'un profond philosophe : « Il n'y a que la
» raison qui finisse par avoir raison. »

# LA MARINE FRANÇAISE

## MISE ET MAINTENUE HORS DE LA CHARTE.

Le *Léopard* sommeille..... on sent encor ses griffes.

*Malouet*, qui avait acquis, à l'assemblée constituante une sorte de réputation, passait pour un prodige en marine ; il n'avait qu'un mérite de position. Quelques volumes écrits avec une abondance stérile, mais où il n'y a pas une seule idée en marine, faisaient dire aux marins : « Quel littérateur que Malouet ! Tandis que de leur coté des écrivains et des orateurs fatigués de son stile et de sa faconde, répétaient en bâillant : « Quelle connaissance profonde de la marine ! « Il faut ajouter à l'avantage d'avoir un nom ainsi renvoyé des échos de la littérature aux échos de la marine, une parfaite *élasticité politique* que possédait *Malouet*. Qualité précieuse pour un ambitieux, et qui le met à même de se trouver toujours derière le char de la fortune ! Aussi *l'émigré* finit-il par devenir préfet de *l'empire*, puis ministre du *royaume*, et cette grande dignité convoitée quatorze ans par Malouet qui peut-être avança sa mort, le suivit du moins jusqu'au tombeau ! Si *Malouet* était mort tout entier, loin de poursuivre sa mémoire, c'est à pleines mains que nous voudrions jeter des fleurs sur son cercueil., mais quand le système déplorable de *Malouet*, qui était la *bureaucratie même*, poursuit encore les tristes débris de la marine française; quand des milliers de braves officiers languissent dans une indigence d'autant plus révoltante, que les commis de *Malouet* sont comblés de toutes les faveurs de la fortune, qui pourrait refuser aux victimes d'un vieillard ambitieux la consolation de lui faire subir non sa *célébrité*, il n'en eut jamais, mais sa funeste *famosité* ! On aurait pu pardonner à *Malouet* le mal qu'il fit à la marine pendant qu'il vivait, mais comment lui pardonner de la poursuivre même après sa mort. Nous nous expliquons : il parait certain que voyant sa fin prochaine, il fut invité à désigner un successeur. L'implacable vieillard, avec ce ton solennel que donne l'instant suprême, répondit: « Tout ministre de la marine « sera bon, pourvu qu'on le prenne partout ailleurs « que dans la marine » : Ce PARADOXE MONSTRUEUX, lancé en forme d'oracle, fut le dernier mot du patriar-che de la *bureaucratie* : mot funeste et qui n'a eu que trop de succès ! Bientôt on vit succéder à Malouet des directeurs *de poste aux lettres*, *de la police générale*, un général de l'arme équivoque de l'artillerie de ma-rine, un maréchal de France, un *directeur des ponts et chaussées*, enfin un *négociant* tient aujourd'hui le trident. Ainsi le funeste conseil a été suivi depuis six années. Quel fruit a-t-il produit ? Une série de ministres, absolument sans idées de marine, obligés d'en recevoir d'hommes qui n'en ont jamais eu, a fini par renverser les institutions de la marine, par disperser et réduire au désespoir les officiers qui en composaient le *personnel,* c'est-à-dire qui en étaient l'àme ; par forme de compensation, et pour dépenser 44 millions par an. On a placé une école de marine à *Angoulême.* On entretient des bureaux à Paris. On a haussé tous les commis ; et quand il n'y a pas d'armée navale, on a crée des *intendants d'armées navales,* qui ne quittent pas les bords la Seine ! Quand il n'y a point de *galères* on s'obstine à garder dans les ports dix mille *galériens* qui coûtent au moins dix millions à l'état. Les préfectures maritimes dans les ports ont été remplacées par le systéme ruineux des intendans et des commandans. Monsieur *Molé* à la tribune est convenu qu'il y aurait économie à rétablir les préfets ? Mais faudra-t-il toujours défaire, a demandé *naïvement* le ministre ; parce que les commis chargés de souffler leur maître, n'ont pu s'élever jusqu'à découvrir que défaire le mal c'est opérer le bien !

Cet esquisse rapide de la situation de la marine est la vérité même. L'armée navale était constituée par des lois, résultat du concours des trois pouvoirs, toutes maintenues formellement par la Charte. Des commis insolens, secondés par des ministres, disputant d'inaptitude et d'ineptie, ont détruit les lois, déchiré la Charte. Ils ont chassé tous les officiers de marine, pour ainsi dire

de leurs *droits publics.* ; et réduit la France , peut-être
pour plusieurs siècles , à n'être que la *très-humble ser-
vante de l'Angleterre* !

Que toutes les harpies nautiques qui infectent le do-
maine de Neptune essaient de nier ces résultats ; mais
non , elles n'oseraient descendre dans l'arène avec nous,
quelques disposés que nous fussions à abaisser le langage
des sciences, pour être compris par des commis ignares ,
qui veulent persuader qu'ils sont utiles à la France ,
quand parmi toutes les légions de scribes, qui creu-
sent son cercueil , ils se montrent les *fossoyeurs* les plus
actifs !

## LES ÉGRATIGNURES.

## EMPRUNT DE 14,600,000 FRANCS.

On ne saurait donner trop de publicité aux noms de
ces vampires de la France, qui, non contens de sucer
le plus pur de son sang, à l'abri de tous les dangers ,
puisqu'ils ne sont soumis qu'à une responsabilité déri-
soire , imaginent encore , comme passe-temps de leur
infâme cupidité, de spéculer sur les MISÈRES NATIONALES,
en achetant, avec la certitude d'un gain énorme, des rentes
dont le paiement réel eût été impossible pour la plupart
de ces nouveaux Turcarets.

Voici leur nom et le montant des *achats fictifs.*

MM. Anglès. . . . . . . . . . . . . . . .  15,000 fr. de r.

Froc de la Boulaye député ( Avis
aux électeurs ). . . . . . . . . .  45,000

Roy , député. . . . . . . . . . . .  70,000

Le comte Siméon. . . . . . . . . .  25,000

Veuve Moreau . . . . . . . . . . .  10,000

Leverd ( actrice ). . . . . . . . . .  2,500

Duvergier de Hauranne, député
( Avis aux électeurs ) . . . . .  15,000

Mazurier, secrétaire d'un ministère. . . . . . . . . . . . . . . .  40,000

Dumarhallach, député ( le plus
gastrique des ventrus ). . . . .  60,000

Breton, député. . . . . . . . . . .  60,000

Le comte Augier ( amiral de salon
et *négociant patenté* (1) ). . .  15,000

Morgan de Belloy. . . . . . . . .  15,000

Forestier ( Michel - Morin - Nau-
tique ). . . . . . . . . . . . . .  10,000

Bourrienne( Buonaparte frémissait
de le voir à côté d'une caisse ) .  15,000

Le duc de Levis ( il se croit pa-
rent de la Vierge ). . . . . . . .  15,000

Anisson, Directeur de l'imprimerie royale ( le pauvre homme ! )  10,000

___

(1) Discours de Salaberry , *Moniteur* du 23.

Beugnot ( prouve l'élasticité des

corps ) . . . . . . . . . . . . . . 40,000

Crignon D'Auzouër ( se prétend

royaliste ) . . . . . . . . . . . . 15,000

Carreyon ( Peste ! ). . . . . . . . 400,000

Ce petit extrait d'nn grand tableau prouve à quels hommes la France est abandonnée ! Si elle respire encore ce n'est pas la faute des vampires.

Devrait-on hériter de ceux qu'on assassine !

* * *

.*. M. A. d'Egvilly, qui sait embellir les plus nobles sentimens par des vers toujours faciles et souvent énergiques, vient de publier, sous le titre de *Nuits françaises* (1), huit petites pièces de vers, suivies d'une élégie sur la mort du duc de Berry.

Ce petit recueil se fait lire avec intérêt. Quelquefois l'auteur lance des traits piquans, d'autant plus agréables qu'ils sont inattendus, et que sous sa plume l'épigramme se déguise par un tour naïf, qui en relève l'éclat. En voici un exemple; en parlant de la France, le poète s'écrie:

_______________

(1) Chez Petit, libraire, au Palais-Royal;

Et à la Librairie Polémique, rue Neuve-Saint-Marc, nᵒˢ 7 et 8;

prix : 1 fr.

« On profane les mots d'honneur et de victoire !

» L'assassin dit qu'il sert la patrie et la gloire ;

» On voudrait oublier que sous nos rois guerriers

» Des milliers de héros moissonnaient des lauriers :

» Avides de combats , nos pères aussi braves ,

» D'un flot d'usurpateurs ne furent point esclaves ;

» Et confondant ensemble et la France et ses rois ,

» ILS GARDAIENT MIEUX QUE NOUS LE FRUIT DE LEURS EXPLOITS ! »

----

Si les *Parques de la police* continuent à obtenir la croix de la légion d'honneur, il deviendra pénible pour ceux qui l'ont obtenue devant l'ennemi, de s'en montrer décorés. comment ! le feu des antichambres fera donc éclore de mêmes fruits que celui des bivouacs ? que les enfans de *Mars* eussent une commune mesure avec ceux d'*Uranie* ou ceux d'*Apollon,* c'était bien , mais, avec les enfans d'*Argus*; c'est choquant !

----

.*. Depuis que tous nos *publicistes-à-l'heure* sont nivélés par l'oppression, rien n'est plus dégoûtant selon nous que la manière dont ils s'attaquent réciproquement : on croit voir des forçats se battre avec leurs chaînes !!!

----

.*. On demandait dernièrement à quelqu'un par qui déterminerait-on le dernier degré de l'ignominie si les *censeurs* ne le marquaient pas ? Parbleu, répondit-t-il , par les *journalistes censurés* !

---

.*. Le plus faible de tous nos collaborateurs, auquel cependant on ne peut refuser de traiter *ex professo*, tout ce qui touche au *poivre* et au *gingembre*, M. *Blanc-de-Volx*, enfin, vient dans le *Censeur* et dans le *Constitutionnel* de nier sa coopération à l'*Observateur*. Et pourtant tous les articles intitulés : *Commerce extérieur* sont de lui et signés de lui. Ce pauvre homme veut maintenant essayer un autre *Commerce;* il se trouve en mauvaise compagnie, entre l'auteur de *Phocion* et celui de Jean *Sbogar*. Nous continuons à le plaindre, n'ayant jamais inséré ses articles que par *humanité!*

---

.*. « On reproche au ministère de se jeter dans les bras
» de ceux auxquels répugne le gouvernement constitu-
» tionnel; mais on peut voir par les listes déja distri-
» buées que ce ne sont pas les ANCIENS ARISTOCRATES qui
» sont en plus grand nombre dans les colléges électo-
» raux. »

Cette phrase incroyable dictée par la peur et la naïveté réunies, a été prononcée par M. Siméon dans la séance du 17 mai pour soutenir le projet de loi des élections.

Eh bien! *royalistes naïfs*, voilà déjà le ministère qui repousse jusqu'aux soupçons de s'appuyer sur vous; *sur vous*, qui avez tant appuyé le ministère pour l'aider à confisquer nos libertés. Reconnaissez-vous enfin la se-

conde édition de cette mauvaise plaisanterie ministérielle qui commençait ainsi: « Royalistes avant et après la
» Charte, réunissons-nous. » Vous fûtes joués alors; vous
l'êtes encore aujourd'hui, ce qui n'est pas moins funeste,
mais ce qui est beaucoup plus humiliant. Que vous faut-
il donc de plus pour vous hâter de rentrer dans les LI-
BERTÉS PUBLIQUES; pour vous décider à proclamer haute-
ment que deux fois vous vous êtes fourvoyés, et qu'enfin
pour que chacun de vous dise :

> J'étais aveugle alors , mes yeux se sont ouverts.

.*. Le journal de la *Police* vient d'attaquer le discours
de M. *Royer-Colard*, sur la loi des élections , avec une
imprudence rare; quand on fait tant que de tremper sa
plume dans la fange, il faudrait au moins avoir l'énergie
du cynisme et se NOMMER; mais l'écrivain de la SENTINE
aime mieux essayer d'avoir l'air du courage, au moment
même où ils touche au dernier terme de la lâcheté!

.*. Nous voulons bien avertir la police, que le lundi
22 mai à 5 heures de l'après midi, il s'est présenté dans
nos bureaux, un de ses agens, *le chef couvert et la Jambe
avinée :* nous sommes parvenus à comprendre, au tra-
vers de son baragouinage, qu'il demandait l'exhibition
d'un brevet de librairie. Ce soldat d'*argus* portait un

écrit que nous avons voulu voir, *avant tout*, et qui était signé PAGÈS. C'est apparemment le nom de quelque puissance *occulte* en librairie ! nous avons ordonné de lui présenter un brevet signé de M. de Mounier, et comme il exhalait l'odeur qu'Horace attribue à *Gorgonius* (1), nous l'avons *prié de ne pas demeurer.*

Si la police entend vexer par une tyrannie sourde et domestique les écrivains qui n'ont pas hésité une seconde à remplir toutes les conditions imposées aux *libraires*, il faut qu'elle le déclare franchement, nous lui ferons la guerre en preux.

Nous espérons qu'à l'avenir elle enverra des inquisiteurs moins dégoûtans et moins grossiers; car enfin la patience a des bornes, et une fois avertie, elle serait comptable des conséquences, si elle nous forçait, bien malgré nous, à faire, aux dépens d'agens aussi ignobles que l'inquisiteur que nous avons vu, quelques expériences sur la chute des Graves.

---

.*. M. de *Saint-Aulaire*, dans la séance du 22 de ce mois, a prononcé contre le projet du ministre sur la loi des élections, un discours plein de sel. L'honorable député, quant au genre de talent, suit les traces des *Cornet-d'Incourt*, et des *Chauvelin*. On a remarqué surtout

---

(1) *Pastillos Ruffillus olet, Gorgonius hircum.*

( Hor. sat. IV. )

ce trait ingénieux. J'ai toujours entendu dire que de
deux maux on choisissait le moindre : il appartenait au
ministère de nous offrir de prendre *le pire*.

---

.*. Le *Morning-Chronicle* veut, on ne sait pourquoi,
rappeler l'attention sur le prisonnier de Sainte-Hélène.
C'est un pauvre publiciste que celui qui croit qu'en 1820.
*Bonaparte* vit ailleurs que dans l'histoire, il est tombé
pour toujours :

> . . . . . . . Mais comme Phaëton,
> Et sa chûte a prouvé que son vol fut sublime !

## BOUTADE

### SUR LE PORTRAIT D'UN DÉPUTÉ DU CENTRE.

> Que le voilà bien peint ce bavard que l'on cite ,
> Ce député *gastrique* au caquet assommant ;
> Ce sont ses traits, son geste et son œil hypocrite....
> — On dirait qu'il parle. — Oui , vraiment....
> Aussi , mon cher, sauvons-nous vite !
>
> LES GÉNÉAUX.

---

*Nota* La Librairie polémique vient de faire mettre sous presse
une brochure intitulée : L'ÉCREVISSE MINISTÉRIELLE ou
L'OBSERVATEUR DE LA CHARTE.

---

IMPRIMERIE DE P. - F. DUPONT.

*Avis important pour la Littérature légère.*

A l'entrée des bureaux de la *Librairie polémique*, se trouve placée une boîte ou *bouche de fer ;* elle est destinée à recevoir tous les traits piquans qui sont de nature à offrir une lecture agréable. On donnera, pour l'insertion de ces petites pièces, la préférence à celles qui, par un tour vif, soit en prose, soit en vers, exigeront le moins d'espace.